ÉTUDE

DE LA

MINE D'OR

DE MALPASO

PROVINCE DE MARIQUITA

RÉPUBLIQUE DE LA NOUVELLE GRENADE

Amérique Méridionale

PAR

H. MALINVAUD

INGÉNIEUR DES MINES DE PREMIÈRE CLASSE

Pour les renseignements, chez M. V. DUJARDIN
26, rue de Bondy, à Paris

PARIS

IMPRIMERIE FOURNIER. — CLAYE, TAILLEFER ET Ce

RUE SAINT-BENOIT, 7

1846

ÉTUDE

DE LA

MINE D'OR

DE MALPASO

PROVINCE DE MARIQUITA

RÉPUBLIQUE DE LA NOUVELLE GRENADE

Amérique Méridionale

PAR

H. MALINVAUD

INGÉNIEUR DES MINES DE PREMIÈRE CLASSE

Pour les renseignements, chez M. V. DUJARDIN
26, rue de Bondy, à Paris

1846

MINE DE MALPASO.

HISTORIQUE.

La Cordillière dans laquelle est enclavé Malpaso renferme des terrains aurifères très-étendus; lorsqu'on parcourt le pays, on rencontre, à chaque pas, des traces de travaux immenses, recouverts maintenant d'épaisses forêts. Il n'existe actuellement dans le pays aucune tradition qui indique l'époque où ces mines étaient en activité : il est évident qu'elles n'ont pu être travaillées que dans le temps où les Espagnols se divisaient les Indiens comme des bêtes de somme ; il y a seulement dans le pays une opinion généralement répandue, c'est que la décadence de la ville de Mariquita, voisine de ces mines, autrefois très-prospère et capitale de la province, date principalement de l'époque où elles furent abandonnées.

Les plus anciens documents qui existent sur Malpaso datent seulement du milieu du siècle dernier ; à cette époque un prêtre, nommé Castagneda, curé d'un village voisin, après avoir travaillé quelque temps une mine située aux environs immédiats de son village, vint reprendre à Malpaso les travaux depuis longtemps abandonnés et fut bientôt en état d'acheter une centaine d'esclaves nègres qu'il y établit : il en continua l'exploitation jusqu'à sa mort. On dit qu'il devint très-riche ; les seules preuves qu'on en ait sont les traces des institutions de charité qu'il fonda à Mariquita, et qu'on retrouve encore aujourd'hui. A sa mort, la mine fut acquise par les aïeux du propriétaire actuel. Ces nouveaux maîtres, ne faisant à la mine que de rares apparitions, laissaient les travaux à la discrétion des nègres, sous la conduite de l'un d'eux nommé majordome. Aussi, les vols étaient fréquents, et les nègres ne laissaient au maître que juste ce qu'il fallait pour qu'il ne se dégoûtât pas de l'exploitation. Lors de la guerre de l'indépendance les propriétaires ruinés et persécutés comme patriotes, vendirent la mine, à vil prix, à un spéculateur qui l'acheta uniquement dans le but de la revendre aux Anglais : c'était alors le temps de leurs folles entreprises sur les mines du Nouveau-Monde ; une compagnie anglaise l'acquit en effet et la paya, sans la voir, un prix proportionné à la grande réputation dont elle jouit dans le pays. Elle y envoya, comme directeurs, des hommes qui n'avaient jamais vu de mines, et qui, en cette qualité, trouvant barbare tout ce qui se faisait avant eux, inventèrent un nouveau système qui, en moins de deux ans, les conduisit à une ruine complète. Ils abandonnèrent le pays en mettant le feu aux établissements, et laissèrent seuls maîtres de la mine les nègres qui la gaspillèrent jusqu'en 1839, époque où le propriétaire actuel en prit possession. Depuis ce temps, il en a continué l'exploitation avec succès ; et quoique gêné au commencement par le peu de moyens qu'il possédait, obligé d'emprunter à des intérêts énormes, il n'a pas cessé cependant d'apporter à sa mine des améliorations matérielles.

SITUATION.

La mine de Malpaso est située à six lieues à l'ouest de Honda, ville actuellement capitale de la province, où s'arrête la grande navigation de la Magdeleine, pour les marchandises qui, venant d'Europe, sont destinées à Bogota et aux autres marchés intérieurs. Le chemin qui conduit de Honda à Malpaso parcourt, pendant quatre lieues jusqu'à Mariquita, une plaine parfaitement horizontale, entrecoupée seulement de quelques ravins de peu d'importance ; cette partie pourrait, à très-peu de frais, être rendue praticable pour des chars à bœufs. A partir de Mariquita, après avoir traversé le torrent Guali, sur lequel on va s'occuper de construire un pont, le chemin commence à s'enfoncer dans les montagnes, rencontre un second torrent, sur lequel la mine possède un pont de bois fort solide, et enfin arrive à Malpaso en gravissant une côte assez escarpée, mais qui ne cesse d'être parfaitement praticable aux mules et bœufs de charge. Sous le rapport du transport, la mine est une des mieux situées de la république, ce qui est d'une grande importance dans un pays où les communications sont si difficiles. La distance de Honda à Malpaso pourra facilement être franchie, dans un jour, par des mules de charge, lorsque le pont sur le Guali sera établi : dans l'état actuel des choses, les marchandises seront mises en dépôt au bord de la rivière, et de là transportées, à mesure des besoins, par des animaux appartenant à la compagnie.

CLIMAT.

Le climat de Malpaso, surtout lorsqu'on a quelque temps

habité la côte, paraît délicieux. La température moyenne, d'après le peu d'observations que j'ai pu faire, est de 25° centigrades, elle s'élève quelquefois dans le jour jusqu'à 32°; mais, dans ce cas, la chaleur est tempérée par une forte brise; les nuits sont fraîches; le thermomètre descend jusqu'à 18°; à ce point le corps habitué à la grande chaleur éprouve un sentiment de froid. Les saisons de pluie et de sécheresse ne sont pas bien tranchées; on considère cependant que l'année se divise en deux saisons de pluie et deux de sécheresse, composées chacune de trois mois. La pluie arrive généralement de nuit et dans le plus fort de l'hivernage; lorsqu'elle continue le matin, elle s'arrête toujours avant midi

COMPOSITION. — RICHESSE.

La mine, proprement dite, se compose d'une série de collines, s'étendant du N.-E. au S.-O., sur une longueur de 2 kilomètres; la largeur primitive était moyennement de 500^{m}; mais, par suite de l'exploitation successive, cette largeur au sommet se trouve fort réduite. En quelques endroits, elle conserve à peine l'espace nécessaire pour donner passage à la rigole qui amène l'eau à la mine. La hauteur de ces collines, au-dessus du terrain primitif sur lequel elles reposent, varie de 80 à 90^{m}; elles sont formées d'une suite de couches horizontales d'alluvion, composées de cailloux roulés, pour la plus grande partie, de quartz blanc et schiste micacé réunis par un ciment argilo-sableux. Le tout est recouvert par une couche d'argile sableuse rouge, de 1 à 5^{m} d'épaisseur. Ces couches varient de puissance et de richesse. L'indice principal de la richesse est l'abondance, dans la couche, des cailloux roulés, de grosse dimension. La partie actuellement exploitée a environ 50^m de hauteur. On y rencontre deux couches dites riches ; la première, à partir du sommet, située à la moitié de la hauteur de l'escarpement, a 3^m d'épaisseur : la deuxième, qui est la principale et la plus riche, se trouve tout à fait à la base et a 7^m d'épaisseur. C'est celle sur laquelle j'ai fait les plus grands travaux, pour m'assurer de sa richesse. Après en avoir mis à découvert une certaine surface, j'en ai fait laver à part 270 mètres cubes, dont on a retiré 298 grammes d'or, ou 11 décigr. par mètre cube, et 51 mètres cubes de pierres de toutes dimensions; le reste, argile et sable, a été entraîné par l'eau. Ces 270 mètres cubes de minerai, ont été abattus en trois jours, par trois hommes armés d'une barre de fer, aidés par l'action de l'eau. La seconde couche est un peu moins riche, et l'or est plus menu. Le reste du terrain entre les deux couches et au-dessus, est aussi aurifère, mais infiniment moins riche; les pierres sont plus petites et moins abondantes. Des expériences directes sur ces couches intermédiaires m'auraient entraîné beaucoup trop loin ; mais d'après les résultats obtenus par le propriétaire de la mine, dans lequel j'ai toute confiance, toutes les fois qu'il a travaillé ces terrains à part, pour découvrir les couches, il a retiré en or au delà de ses frais, de sorte qu'il considère comme bénéfice l'or que contiennent en plus les couches riches.

SYSTÈME ACTUEL.

Le système suivi actuellement, pour l'exploitation de la mine, est le même qui s'emploie dans toute l'Amérique pour les mines d'alluvion. Les Espagnols, à leur arrivée dans le pays, ont dû le trouver établi, et il est probable qu'ils n'y ont apporté que bien peu de modifications. Ce système était certainement le plus convenable à suivre, pour des peuples privés de fer, d'ouvriers capables, et par conséquent de tout moyen de perfectionnement. Je ne sache pas que depuis la conquête, aucun homme instruit se soit occupé du lavage des terrains aurifères par des moyens mécaniques, ou du moins, s'il a été fait des essais en ce genre, ils ont été bien malheureux, puisque dans tout le pays on entend répéter, par les gens occupés aux mines, qu'il est absolument impossible d'employer des machines à ce travail, et qu'il n'y a rien de mieux à faire que ce qui existe actuellement. Ces idées erronées, ou plutôt l'insuccès des moyens tentés, ont jeté un grand discrédit sur les mines d'alluvion. Aussi, partout où l'on a trouvé des filons aurifères, on s'y est porté de préférence. Dans les districts même où l'on rencontre des mines très-riches de la première espèce, on voit tous les jours des gens se ruiner à la recherche de filons imaginaires. Le travail des mines en roche, dont se sont occupés spécialement les quelques hommes de distinction qui sont venus dans le pays, a été, du moins autant que le permettent les ressources qu'on peut y trouver, porté au point où on le voit encore dans quelques parties de l'Europe.

DESCRIPTION DE CE SYSTÈME.

Voici maintenant, aussi brièvement que possible, la série des opérations qui s'exécutent actuellement pour l'extraction de l'or. L'eau, qui est le principal élément du travail, arrivant, par une rigole d'une lieue de longueur, sur le sommet des collines aurifères, se précipite en torrent, le long de l'escarpement en exploitation. Des hommes armés de barres de fer pointues, échelonnés sur son passage, piquent le minerai qui est entraîné par le torrent jusqu'au pied de l'escarpement. Là, les matières se divisent suivant leur volume et leur pesanteur spécifique, les grosses pierres s'arrêtent les premières avec les grains d'or les plus pesants, puis les pierres moyennes, et enfin les petits cailloux; le sable et l'or menu s'écoulent, avec l'eau, dans un canal de 100^m de longueur sur $0^m,60$ à $0^m,80$ de largeur, dont le sol est formé d'une couche d'argile et les parois de pierres sèches. Dans le parcours de ce canal les matières se déposent encore suivant leurs poids respectifs; les graviers, le sable gros et l'or un peu pesant s'y arrêtent, tandis que l'argile, le sable fin et l'or tout à fait menu sont entraînés et disparaissent définitivement. Lorsque le canal est plein jusqu'à la hauteur des parois, on arrête le piquage du minerai, et tous les ouvriers se réunissent pour le vider. Pendant toute cette opération, l'eau continue à couler dans le canal et entraîne le sable, à mesure qu'on remue les pierres qui le retiennent. Les pierres grosses et moyennes sont enlevées une à une et passent de main en main, par une file d'ouvriers jusqu'aux lieux de dépôt. Pour les petites pierres et gros graviers les hommes se divisent par couples, l'un, portant à chaque main un morceau de planche mince légèrement arqué, promène ces morceaux sur la surface du dépôt, met à découvert une certaine quantité de petites pierres, et les saisit en rapprochant ses deux bois : c'est absolument le mouvement que l'on fait en rapprochant les deux mains, pour les remplir d'eau ou de sable fin. Cette petite quantité est passée au deuxième homme, qui la reçoit dans une sébile de bois armée de deux oreilles servant de poignées. Au moyen de cette sébile, il lance les pierres avec force sur les talus du canal : si, ce qui arrive très-souvent, les talus sont trop élevés pour qu'il puisse atteindre le sommet d'un seul jet, il faut encore, comme pour les pierres, passer la sébile de main en main jusqu'au dépôt; on continue ainsi la vidange du canal, jusqu'à ce que il ne reste plus sur le fond que 25 à 30 cent. de sable, et alors on recommence à piquer.

Ces deux opérations de piquage et de vidange se succèdent des mois entiers, jusqu'à ce que le maître ait besoin d'argent; alors on procède au lavage définitif: pour cela, on arrête entièrement le piquage; la vidange se fait avec le plus grand soin, jusqu'à ce que le dépôt de sable riche n'ait plus que 10 cent. d'épaisseur; alors, pour se débarrasser de la plus grande partie du sable stérile, on agite l'eau d'une manière particulière, difficile à expliquer; l'or est amené à la surface, et on l'enlève avec une certaine quantité de sable, en écrêmant le dépôt. Ce sable, alors très-riche, est lavé, à la main, dans de grandes sébiles rondes et creuses; on trouve des hommes fort habiles à cet exercice. L'or le plus pesant se sépare avec facilité du fer oxidulé; le reste ne peut se retirer qu'au moyen de l'amalgamation; cette seconde partie est deux fois plus considérable que la première. L'amalgamation se fait aussi à la main et l'on perd tout le mercure employé.

INCONVÉNIENTS DE CE SYSTÈME. — PRODUCTION ACTUELLE.

Les inconvénients de ce procédé sont évidents, même aux yeux les moins exercés; voici les principaux : le piquage du minerai, qui est l'opération la plus importante, est arrêté à chaque instant : la séparation et l'enlèvement des pierres se font avec la plus grande difficulté : pendant toute la durée du travail, l'or mis à chaque instant à découvert, est soumis à un courant violent qui en entraîne une bonne partie; on en trouve jusque dans les sables entraînés par ce courant dans la petite rivière qui coule à une demi-lieue de la mine : l'eau qui, par son action continue, aide prodigieusement à l'exploitation du minerai, est forcément retirée la nuit, les jours de fête et même aux heures de repas : le lavage définitif, qui se répète au moins trois fois par an, nécessite chaque fois une suspension absolue des travaux, pendant les trois semaines qui s'y emploient moyennement : le nombre des ouvriers qu'on peut employer dans un pareil travail est très-limité : enfin l'or étant toujours presque à découvert, on est exposé à chaque instant à être volé. Le propriétaire actuel, malgré toute la surveillance qu'il apporte, nuit et jour, dans son atelier, en a fait trois fois, à sa connaissance, la triste expérience. On lui a volé en une fois au moins 10 livres d'or. Malgré tous ces désavantages, avec une moyenne de quinze hommes employés à la mine, il a produit, année commune, depuis son entrée en possession, 30 livres d'or.

NOUVEAU SYSTÈME.

Tous ces inconvénients sont évités, au moins autant qu'ils peuvent l'être, dans le nouveau système que j'ai imaginé, et qui me paraît parfaitement applicable ici, sauf les légères modifications que l'expérience pourra y apporter. Dans ce système, où je combine les procédés de Sibérie les plus exacts et les plus expéditifs, en y faisant les changements que nécessite la différence des localités et des gisements, je ne conserve, des procédés américains, que le piquage du minerai, avec l'aide de l'eau, lequel me paraît excellent : au pied de la colline j'établis une grande surface formée de plaques de fonte, percées de trous, sur lesquelles vient passer l'eau entraînant le minerai. Les pierres parfaitement lavées dans leur course restent sur les plaques, sont chargées à la pelle dans des wagons, et transportées, au moyen d'un petit chemin de fer, dans des profondeurs immenses qui se trouvent heureusement près de là. Tout ce qui passe à travers les plaques, l'eau, le sable, les très-petits cailloux et l'or, se réunit dans un canal formé de madriers de bois, puis se divise en un certain nombre de petits courants qui vont chacun passer sur une longue table sibérienne, à griffes oscillantes, sur laquelle se fait la séparation de la plus grande partie de l'or. Le nombre des tables dépend de la quantité d'eau dont on pourra disposer.

Si toutes les particules d'or étaient un peu pesantes, la séparation de l'or se ferait complétement au moyen de ces tables seules; mais il y a malheureusement beaucoup de paillettes tellement légères, que l'eau les entraîne avec la plus grande facilité, et qu'on ne peut les saisir qu'au moyen de l'amalgamation. Pour cela, les courants, au sortir des tables, vont passer dans des cribles coniques à rotation dont les trous sont très-petits. On opère ainsi la division du gros gravier et des petits cailloux : l'eau, le sable et l'or léger passent, au sortir de ces cribles, dans des cascades d'amalgamation, où l'or, mis forcément en contact avec le mercure, est absorbé par lui. L'eau entraîne quelques particules de mercure, qui sont recueillies sur une dernière table à griffes oscillantes; au sortir de cette table, tous les courants réunis de nouveau passent sur une roue hydraulique qui donne toute la force motrice nécessaire aux machines, et enfin, les courants entraînant toujours le sable et l'argile, vont se perdre dans la rivière.

SES AVANTAGES.

On voit immédiatement les avantages qui résulteront de

l'emploi de ce système : la séparation de l'or se faisant à mesure que le minerai arrive, l'opération du piquage est continue : l'enlèvement des pierres se fait avec une grande facilité : la perte en or ne dépend plus que de l'exactitude des machines qui, une fois bien réglées, sont tout à fait sûres : les machines ne s'arrêtant jamais, on peut laisser l'eau agir continuellement : le nombre des ouvriers qui peuvent être employés est seulement limité par la quantité d'eau que l'on pourra faire arriver sur la mine : enfin, l'or pouvant être recueilli tous les jours, on évite la longue et fastidieuse opération qui se pratique actuellement à la fin de chaque lavage : la suspension de travail qui en résulte et toutes les chances de vol sont ainsi écartées.

DIRECTION A DONNER AUX TRAVAUX.

L'exploitation de la mine a été mal conduite dès le principe; aussi on a été obligé, afin d'obtenir une pente suffisante pour l'écoulement des eaux, d'élever le niveau des travaux, à mesure de leur avancement. On est ainsi arrivé forcément à laisser intactes les couches riches qui existent au-dessous de la couche principale, actuellement travaillée. Ces couches inférieures sont partout recouvertes d'une grande quantité de débris; leur examen m'aurait entraîné dans des travaux et une perte de temps considérables. D'après la disposition du terrain et les renseignements que j'ai pu recueillir des anciens nègres qui existent encore, l'existence de deux de ces couches me paraît entièrement prouvée. En beaucoup d'endroits on n'a pas même touché à la grande couche, et l'exploitation s'est bornée à la première à partir du sommet, les nouveaux travaux devront embrasser toute la hauteur du terrain d'alluvion, à partir du terrain primitif qu'on mènera toujours à découvert : dans toutes les mines que j'ai vues jusqu'à présent en Amérique, la plus grande richesse s'est toujours rencontrée dans les inégalités de surface que présente la roche primitive ; peut-être en sera-t-il de même ici. L'établissement des ateliers et des machines, dans un pays entièrement dépourvu de moyens et d'ouvriers intelligents, nécessitera beaucoup d'énergie, de patience et d'argent; leur plus ou moins prompt achèvement dépendra uniquement du nombre d'ouvriers qu'on pourra y employer. Les hommes de travail sont rares dans cette province ; on n'y trouve guère que des vagabonds qui ne travaillent jamais plus d'un mois dans le même atelier. Il ne viendra de bons ouvriers des autres provinces que lorsque l'établissement aura étendu sa réputation. Je crois pourtant que, quoi qu'il arrive, deux ans suffiront amplement, à partir de la prise de possession, pour mettre la mine en plein rapport. Un des premiers et des plus importants travaux consiste dans l'agrandissement et la bonne composition du canal qui amène l'eau à la mine; il est actuellement dans le plus mauvais état. L'eau portée à ce niveau est la vie de la mine, le produit augmente avec son abondance, car alors les ateliers peuvent se multiplier.

RÉSUMÉ.—PRODUCTION FUTURE.

En résumé, la mine de Malpaso, quoique infiniment moins riche que les riches mines de Sibérie, eu égard à la quantité de terre qu'il faut laver, pour obtenir une quantité d'or donnée, peut néanmoins, par suite de la nature du gisement et de la facilité du travail, être portée à un égal degré de prospérité. Outre les avantages que présente l'abattage du minerai avec l'aide de l'eau, procédé inapplicable aux gisements de Sibérie, on aura de moins, dans les frais d'exploitation, le transport des terres stériles aux lieux de dépôt, le transport du terrain aurifère aux machines, et enfin l'enlèvement des sables lavés; dépenses qui entrent pour une part considérable dans les prix de revient. Ces différences ne sont pas compensées, en faveur de la Sibérie, par la différence des salaires, quoiqu'ils soient ici moyennement d'un tiers plus élevés. La quantité d'eau que l'on pourra obtenir pour alimenter la mine principale et les ateliers accessoires, destinés à reprendre les anciens travaux, sera suffisante pour qu'on puisse employer cent vingt hommes au lavage. A l'aide de ce nombre de bras, la production me paraît pouvoir être facilement portée à 125 kilogrammes d'or par an. Le propriétaire de la mine, qui a parfaitement compris l'explication que je lui ai donnée de mes procédés, soutient que le produit sera plus élevé. J'aime mieux vivre dans cette espérance que de m'exposer à des mécomptes. Les dépenses annuelles, portées au chiffre le plus élevé, atteindront à peine 25,000 piastres du pays, somme que l'on retirera de 45 kilogr. d'or envoyés à la monnaie de Bogota. L'excédant du produit, c'est-à-dire 80 kilog., représentent donc le bénéfice net de l'entreprise. L'or de Malpaso est l'un des plus purs que l'on connaisse; l'essai fait à Paris a donné, je crois, 960 millièmes or, et 39 millièmes argent (1).

PUISSANCE DE LA MINE.

Si, comme tout porte à le croire, le terrain pris en masse contient partout à peu près la même richesse, la mine,

(1) La valeur du kilogramme d'or en lingot, de Malpaso, est d'environ 3,100 francs. (V. D.).

telle qu'on la connaît actuellement, peut suffire au moins pendant quarante ans, à une grande exploitation telle que je la conçois. Il est plus que probable qu'une connaissance plus exacte de l'immense étendue de pays comprise dans la concession, amènera la découverte de gisements assez considérables pour prolonger l'existence de la compagnie aussi longtemps qu'on pourra le désirer.

Malpaso, le 28 mars 1846.

L'Ingénieur civil des Mines,

H. MALINVAUD.

PARIS. IMPRIMERIE FOURNIER. — CLAYE, TAILLEFER ET Ce,
Rue Saint-Benoît, 7.

www.ingramcontent.com/pod-product-compliance
Lightning Source LLC
LaVergne TN
LVHW010410240826
846091LV00020B/3516

* 9 7 8 2 0 1 9 9 5 0 3 6 1 *